Dziennik konserwacji i napraw w domu

Ta książka należy do:

Nazwa :...

Adres : ....

....

Ważne *kontakty*

Profesjonalna nazwa	Telefon	Nazwa firmy
Elektryk		
Hydraulik		
HWK		
Dekarz		
Złota rączka		
Pielęgnacja trawnika		
System zraszaczy		
Basen		
Krajobraz		
Okna/ Bocznica		
Ubezpieczenia właścicieli domów		
System właścicieli domów		
Policja		
Ogień		
Usuwanie śmieci		
Recykling		
Telefon/kabel/satelita		
Stowarzyszenie Właścicieli Domów		
Wieś / Miasteczko		
Obwód głosowania		

Notatki :

Ważne *kontakty*

Profesjonalna nazwa	Telefon	Nazwa firmy
Elektryk		
Hydraulik		
HWK		
Dekarz		
Złota rączka		
Pielęgnacja trawnika		
System zraszaczy		
Basen		
Krajobraz		
Okna/ Bocznica		
Ubezpieczenia właścicieli domów		
System właścicieli domów		
Policja		
Ogień		
Usuwanie śmieci		
Recykling		
Telefon/kabel/satelita		
Stowarzyszenie Właścicieli Domów		
Wieś / Miasteczko		
Obwód głosowania		

Notatki :

Ważne *kontakty*

Profesjonalna nazwa	Telefon	Nazwa firmy
Elektryk		
Hydraulik		
HWK		
Dekarz		
Złota rączka		
Pielęgnacja trawnika		
System zraszaczy		
Basen		
Krajobraz		
Okna/ Bocznica		
Ubezpieczenia właścicieli domów		
System właścicieli domów		
Policja		
Ogień		
Usuwanie śmieci		
Recykling		
Telefon/kabel/satelita		
Stowarzyszenie Właścicieli Domów		
Wieś / Miasteczko		
Obwód głosowania		

Notatki :

Ważne *kontakty*

Profesjonalna nazwa	Telefon	Nazwa firmy
Elektryk		
Hydraulik		
HWK		
Dekarz		
Złota rączka		
Pielęgnacja trawnika		
System zraszaczy		
Basen		
Krajobraz		
Okna/ Bocznica		
Ubezpieczenia właścicieli domów		
System właścicieli domów		
Policja		
Ogień		
Usuwanie śmieci		
Recykling		
Telefon/kabel/satelita		
Stowarzyszenie Właścicieli Domów		
Wieś / Miasteczko		
Obwód głosowania		

Notatki :

Kalendarz *konserwacji domu*

styczeń	**luty**	**marzec**

kwiecień	**maj**	**czerwiec**

lipiec	**sierpień**	**wrzesień**

październik	**listopad**	**grudzień**

Gdzie *to jest?*

Nagrzewnica wodna

Skrzynka elektryczna

Jednostki HWK

Wodomierz i Min. odcięcie

Licznik gazu i główny wyłącznik

Sterowanie zraszaczami

Wykrywacze dymu

Gaśnice

Gdzie *to jest?*

Nagrzewnica wodna

Skrzynka elektryczna

Jednostki HWK

Wodomierz i Min. odcięcie

Licznik gazu i główny wyłącznik

Sterowanie zraszaczami

Wykrywacze dymu

Gaśnice

Gdzie *to jest?*

<table>
<tr><td>Nagrzewnica wodna</td><td>Skrzynka elektryczna</td></tr>
<tr><td></td><td></td></tr>
<tr><td>Jednostki HWK</td><td>Wodomierz i Min. odcięcie</td></tr>
<tr><td></td><td></td></tr>
<tr><td>Licznik gazu i główny wyłącznik</td><td>Sterowanie zraszaczami</td></tr>
<tr><td></td><td></td></tr>
<tr><td>Wykrywacze dymu</td><td>Gaśnice</td></tr>
<tr><td></td><td></td></tr>
</table>

Gdzie *to jest?*

Nagrzewnica wodna

Skrzynka elektryczna

Jednostki HWK

Wodomierz i Min. odcięcie

Licznik gazu i główny wyłącznik

Sterowanie zraszaczami

Wykrywacze dymu

Gaśnice

Gdzie *to jest?*

Nagrzewnica wodna

Skrzynka elektryczna

Jednostki HWK

Wodomierz i Min. odcięcie

Licznik gazu i główny wyłącznik

Sterowanie zraszaczami

Wykrywacze dymu

Gaśnice

Gdzie *to jest?*

Nagrzewnica wodna

Skrzynka elektryczna

Jednostki HWK

Wodomierz i Min. odcięcie

Licznik gazu i główny wyłącznik

Sterowanie zraszaczami

Wykrywacze dymu

Gaśnice

Gdzie *to jest?*

Nagrzewnica wodna

Skrzynka elektryczna

Jednostki HWK

Wodomierz i Min. odcięcie

Licznik gazu i główny wyłącznik

Sterowanie zraszaczami

Wykrywacze dymu

Gaśnice

Gdzie *to jest?*

Nagrzewnica wodna	Skrzynka elektryczna

Jednostki HWK	Wodomierz i Min. odcięcie

Licznik gazu i główny wyłącznik	Sterowanie zraszaczami

Wykrywacze dymu	Gaśnice

Gdzie *to jest?*

Nagrzewnica wodna	Skrzynka elektryczna

Jednostki HWK	Wodomierz i Min. odcięcie

Licznik gazu i główny wyłącznik	Sterowanie zraszaczami

Wykrywacze dymu	Gaśnice

Gdzie *to jest?*

Nagrzewnica wodna	Skrzynka elektryczna

Jednostki HWK	Wodomierz i Min. odcięcie

Licznik gazu i główny wyłącznik	Sterowanie zraszaczami

Wykrywacze dymu	Gaśnice

Gdzie *to jest?*

Nagrzewnica wodna

Skrzynka elektryczna

Jednostki HWK

Wodomierz i Min. odcięcie

Licznik gazu i główny wyłącznik

Sterowanie zraszaczami

Wykrywacze dymu

Gaśnice

Gdzie *to jest?*

Nagrzewnica wodna	Skrzynka elektryczna

Jednostki HWK	Wodomierz i Min. odcięcie

Licznik gazu i główny wyłącznik	Sterowanie zraszaczami

Wykrywacze dymu	Gaśnice

Dziennik *obsługi technicznej*

Data	System / urządzenie	Problèm

Dziennik *obsługi technicznej*

Data	System / urządzenie	Problèm

Dziennik *obsługi technicznej*

Data	System / urządzenie	Problèm

Dziennik *obsługi technicznej*

Data	System / urządzenie	Problèm

Dziennik *obsługi technicznej*

Data	System / urządzenie	Problèm

Dziennik *obsługi technicznej*

Data	System / urządzenie	Problèm

Dziennik *obsługi technicznej*

Data	System / urządzenie	Problèm

Dziennik *obsługi technicznej*

Data	System / urządzenie	Problèm

Dziennik *obsługi technicznej*

Data	System / urządzenie	Problèm

Dziennik *obsługi technicznej*

Data	System / urządzenie	Problèm

Data	System / urządzenie	Problèm

Dziennik *obsługi technicznej*

Data	System / urządzenie	Problèm

Dziennik *obsługi technicznej*

Data	System / urządzenie	Problèm

Dziennik *obsługi technicznej*

Data	System / urządzenie	Problèm

Dziennik *obsługi technicznej*

Data	System / urządzenie	Problèm

Dziennik *obsługi technicznej*

Data	System / urządzenie	Problèm

Dziennik *obsługi technicznej*

Data	System / urządzenie	Problèm

Dziennik *obsługi technicznej*

Data	System / urządzenie	Problèm

Dziennik *obsługi technicznej*

Data	System / urządzenie	Problèm

Dziennik *obsługi technicznej*

Data	System / urządzenie	Problèm

Dziennik *obsługi technicznej*

Data	System / urządzenie	Problèm

Dziennik *obsługi technicznej*

Data	System / urządzenie	Problèm

Dziennik *obsługi technicznej*

Data	System / urządzenie	Problèm

Dziennik *obsługi technicznej*

Data	System / urządzenie	Problèm

Telefon kontaktowy	Jak to zostało rozwiązane	Ocena satysfakcji

Telefon kontaktowy	Jak to zostało rozwiązane	Ocena satysfakcji

Telefon kontaktowy	Jak to zostało rozwiązane	Ocena satysfakcji

Telefon kontaktowy	Jak to zostało rozwiązane	Ocena satysfakcji

Telefon kontaktowy	Jak to zostało rozwiązane	Ocena satysfakcji

Telefon kontaktowy	Jak to zostało rozwiązane	Ocena satysfakcji

Telefon kontaktowy	Jak to zostało rozwiązane	Ocena satysfakcji
Telefon kontaktowy	Jak to zostało rozwiązane	Ocena satysfakcji

Telefon kontaktowy	Jak to zostało rozwiązane	Ocena satysfakcji

Telefon kontaktowy	Jak to zostało rozwiązane	Ocena satysfakcji

Telefon kontaktowy	Jak to zostało rozwiązane	Ocena satysfakcji

Telefon kontaktowy	Jak to zostało rozwiązane	Ocena satysfakcji

Telefon kontaktowy	Jak to zostało rozwiązane	Ocena satysfakcji

Telefon kontaktowy	Jak to zostało rozwiązane	Ocena satysfakcji

Telefon kontaktowy	Jak to zostało rozwiązane	Ocena satysfakcji

Telefon kontaktowy	Jak to zostało rozwiązane	Ocena satysfakcji

Telefon kontaktowy	Jak to zostało rozwiązane	Ocena satysfakcji

Telefon kontaktowy	Jak to zostało rozwiązane	Ocena satysfakcji

Telefon kontaktowy	Jak to zostało rozwiązane	Ocena satysfakcji

Telefon kontaktowy	Jak to zostało rozwiązane	Ocena satysfakcji

Telefon kontaktowy	Jak to zostało rozwiązane	Ocena satysfakcji

Telefon kontaktowy	Jak to zostało rozwiązane	Ocena satysfakcji

Telefon kontaktowy	Jak to zostało rozwiązane	Ocena satysfakcji

Telefon kontaktowy	Jak to zostało rozwiązane	Ocena satysfakcji

Telefon kontaktowy	Jak to zostało rozwiązane	Ocena satysfakcji

Telefon kontaktowy	Jak to zostało rozwiązane	Ocena satysfakcji
Telefon kontaktowy	Jak to zostało rozwiązane	Ocena satysfakcji

Telefon kontaktowy	Jak to zostało rozwiązane	Ocena satysfakcji

Telefon kontaktowy	Jak to zostało rozwiązane	Ocena satysfakcji

Telefon kontaktowy	Jak to zostało rozwiązane	Ocena satysfakcji

Telefon kontaktowy	Jak to zostało rozwiązane	Ocena satysfakcji

Telefon kontaktowy	Jak to zostało rozwiązane	Ocena satysfakcji

Telefon kontaktowy	Jak to zostało rozwiązane	Ocena satysfakcji

Telefon kontaktowy	Jak to zostało rozwiązane	Ocena satysfakcji

Telefon kontaktowy	Jak to zostało rozwiązane	Ocena satysfakcji

Telefon kontaktowy	Jak to zostało rozwiązane	Ocena satysfakcji

Telefon kontaktowy	Jak to zostało rozwiązane	Ocena satysfakcji

Telefon kontaktowy	Jak to zostało rozwiązane	Ocena satysfakcji

Planista *projektu*

Nazwa projektu

Opis projektu

Data zakończenia   **Cały budżet**

Lista materiałów	Koszty poniesione	Koszt rzeczywisty
Koszt całkowity		

Usługi	Koszty poniesione	Koszt rzeczywisty
Koszt całkowity		

Uwagi do projektu :

Planista *projektu*

<table>
<tr><td>Nazwa projektu</td><td></td></tr>
</table>

Opis projektu

<table>
<tr><td>Data zakończenia</td><td></td><td>Cały budżet</td><td></td></tr>
</table>

Lista materiałów	Koszty poniesione	Koszt rzeczywisty		Usługi	Koszty poniesione	Koszt rzeczywisty
Koszt całkowity				**Koszt całkowity**		

Uwagi do projektu :

Planista *projektu*

Nazwa projektu

Opis projektu

Data zakończenia

Cały budżet

Lista materiałów	Koszty poniesione	Koszt rzeczywisty
Koszt całkowity		

Usługi	Koszty poniesione	Koszt rzeczywisty
Koszt całkowity		

Uwagi do projektu :

Planista *projektu*

Nazwa projektu

Opis projektu

Data zakończenia

Cały budżet

Lista materiałów	Koszty poniesione	Koszt rzeczywisty
Koszt całkowity		

Usługi	Koszty poniesione	Koszt rzeczywisty
Koszt całkowity		

Uwagi do projektu :

Planista *projektu*

Nazwa projektu

Opis projektu

Data zakończenia   **Cały budżet**

Lista materiałów	Koszty poniesione	Koszt rzeczywisty
Koszt całkowity		

Usługi	Koszty poniesione	Koszt rzeczywisty
Koszt całkowity		

Uwagi do projektu :

Planista *projektu*

<table>
<tr><td>Nazwa projektu</td><td></td></tr>
</table>

Opis projektu

<table>
<tr><td>Data zakończenia</td><td></td><td>Cały budżet</td><td></td></tr>
</table>

Lista materiałów	Koszty poniesione	Koszt rzeczywisty
Koszt całkowity		

Usługi	Koszty poniesione	Koszt rzeczywisty
Koszt całkowity		

Uwagi do projektu :

Planista *projektu*

Nazwa projektu

Opis projektu

Data zakończenia   **Cały budżet**

ista materiałów	Koszty poniesione	Koszt rzeczywisty
Koszt całkowity		

Usługi	Koszty poniesione	Koszt rzeczywisty
Koszt całkowity		

Uwagi do projektu :

Planista *projektu*

Nazwa projektu

Opis projektu

Data zakończenia   **Cały budżet**

Lista materiałów	Koszty poniesione	Koszt rzeczywisty
Koszt całkowity		

Usługi	Koszty poniesione	Koszt rzeczywisty
Koszt całkowity		

Uwagi do projektu :

Planista *projektu*

Nazwa projektu

Opis projektu

Data zakończenia   **Cały budżet**

Lista materiałów	Koszty poniesione	Koszt rzeczywisty
Koszt całkowity		

Usługi	Koszty poniesione	Koszt rzeczywisty
Koszt całkowity		

Uwagi do projektu :

Planista *projektu*

Nazwa projektu

Opis projektu

| Data zakończenia | | Cały budżet | |

Lista materiałów	Koszty poniesione	Koszt rzeczywisty	Usługi	Koszty poniesione	Koszt rzeczywisty
Koszt całkowity			**Koszt całkowity**		

Uwagi do projektu :

Planista *projektu*

Nazwa projektu

Opis projektu

Data zakończenia **Cały budżet**

Lista materiałów	Koszty poniesione	Koszt rzeczywisty
Koszt całkowity		

Usługi	Koszty poniesione	Koszt rzeczywisty
Koszt całkowity		

Uwagi do projektu :

Planista *projektu*

Nazwa projektu

Opis projektu

Data zakończenia   **Cały budżet**

Lista materiałów	Koszty poniesione	Koszt rzeczywisty
Koszt całkowity		

Usługi	Koszty poniesione	Koszt rzeczywisty
Koszt całkowity		

Uwagi do projektu :

Planista *projektu*

Nazwa projektu

Opis projektu

Data zakończenia   **Cały budżet**

Lista materiałów	Koszty poniesione	Koszt rzeczywisty	Usługi	Koszty poniesione	Koszt rzeczywisty
Koszt całkowity			**Koszt całkowity**		

Uwagi do projektu :

Planista *projektu*

Nazwa projektu

Opis projektu

Data zakończenia   **Cały budżet**

Lista materiałów	Koszty poniesione	Koszt rzeczywisty
Koszt całkowity		

Usługi	Koszty poniesione	Koszt rzeczywisty
Koszt całkowity		

Uwagi do projektu :

Planista *projektu*

Nazwa projektu

Opis projektu

Data zakończenia   **Cały budżet**

Lista materiałów	Koszty poniesione	Koszt rzeczywisty
Koszt całkowity		

Usługi	Koszty poniesione	Koszt rzeczywisty
Koszt całkowity		

Uwagi do projektu :

Planista *projektu*

Nazwa projektu

Opis projektu

Data zakończenia   **Cały budżet**

Lista materiałów	Koszty poniesione	Koszt rzeczywisty
Koszt całkowity		

Usługi	Koszty poniesione	Koszt rzeczywisty
Koszt całkowity		

Uwagi do projektu :

Planista *projektu*

Nazwa projektu

Opis projektu

Data zakończenia | **Cały budżet**

Lista materiałów	Koszty poniesione	Koszt rzeczywisty	Usługi	Koszty poniesione	Koszt rzeczywisty
Koszt całkowity			**Koszt całkowity**		

Uwagi do projektu :

Planista *projektu*

Nazwa projektu

Opis projektu

Data zakończenia   **Cały budżet**

Lista materiałów	Koszty poniesione	Koszt rzeczywisty
Koszt całkowity		

Usługi	Koszty poniesione	Koszt rzeczywisty
Koszt całkowity		

Uwagi do projektu :

Planista *projektu*

Nazwa projektu

Opis projektu

Data zakończenia | **Cały budżet**

Lista materiałów	Koszty poniesione	Koszt rzeczywisty
Koszt całkowity		

Usługi	Koszty poniesione	Koszt rzeczywisty
Koszt całkowity		

Uwagi do projektu :

Planista *projektu*

Nazwa projektu

Opis projektu

Data zakończenia   **Cały budżet**

Lista materiałów	Koszty poniesione	Koszt rzeczywisty
Koszt całkowity		

Usługi	Koszty poniesione	Koszt rzeczywist
Koszt całkowity		

Uwagi do projektu :

Planista *projektu*

Nazwa projektu

Opis projektu

Data zakończenia   **Cały budżet**

Lista materiałów	Koszty poniesione	Koszt rzeczywisty
Koszt całkowity		

Usługi	Koszty poniesione	Koszt rzeczywisty
Koszt całkowity		

Uwagi do projektu :

Planista *projektu*

Nazwa projektu

Opis projektu

Data zakończenia

Cały budżet

Lista materiałów	Koszty poniesione	Koszt rzeczywisty
Koszt całkowity		

Usługi	Koszty poniesione	Koszt rzeczywisty
Koszt całkowity		

Uwagi do projektu :

Planista *projektu*

Nazwa projektu

Opis projektu

Data zakończenia   **Cały budżet**

Lista materiałów	Koszty poniesione	Koszt rzeczywisty
Koszt całkowity		

Usługi	Koszty poniesione	Koszt rzeczywisty
Koszt całkowity		

Uwagi do projektu :

Planista *projektu*

Nazwa projektu

Opis projektu

Data zakończenia   **Cały budżet**

Lista materiałów	Koszty poniesione	Koszt rzeczywisty
Koszt całkowity		

Usługi	Koszty poniesione	Koszt rzeczywisty
Koszt całkowity		

Uwagi do projektu :

Planista *projektu*

Nazwa projektu

Opis projektu

Data zakończenia   **Cały budżet**

Lista materiałów	Koszty poniesione	Koszt rzeczywisty
Koszt całkowity		

Usługi	Koszty poniesione	Koszt rzeczywisty
Koszt całkowity		

Uwagi do projektu :

Planista *projektu*

Nazwa projektu

Opis projektu

Data zakończenia **Cały budżet**

Lista materiałów	Koszty poniesione	Koszt rzeczywisty
Koszt całkowity		

Usługi	Koszty poniesione	Koszt rzeczywisty
Koszt całkowity		

Uwagi do projektu :

Planista *projektu*

Nazwa projektu

Opis projektu

Data zakończenia **Cały budżet**

Lista materiałów	Koszty poniesione	Koszt rzeczywisty
Koszt całkowity		

Usługi	Koszty poniesione	Koszt rzeczywisty
Koszt całkowity		

Uwagi do projektu :

Planista *projektu*

Nazwa projektu

Opis projektu

Data zakończenia   **Cały budżet**

Lista materiałów	Koszty poniesione	Koszt rzeczywisty
Koszt całkowity		

Usługi	Koszty poniesione	Koszt rzeczywist
Koszt całkowity		

Uwagi do projektu :

Planista *projektu*

Nazwa projektu

Opis projektu

Data zakończenia   **Cały budżet**

Lista materiałów	Koszty poniesione	Koszt rzeczywisty
Koszt całkowity		

Usługi	Koszty poniesione	Koszt rzeczywisty
Koszt całkowity		

Uwagi do projektu :

Planista *projektu*

Nazwa projektu

Opis projektu

Data zakończenia | **Cały budżet**

Lista materiałów	Koszty poniesione	Koszt rzeczywisty		Usługi	Koszty poniesione	Koszt rzeczywisty
Koszt całkowity				**Koszt całkowity**		

Uwagi do projektu :

Planista *projektu*

Nazwa projektu

Opis projektu

Data zakończenia **Cały budżet**

Lista materiałów	Koszty poniesione	Koszt rzeczywisty
Koszt całkowity		

Usługi	Koszty poniesione	Koszt rzeczywisty
Koszt całkowity		

Uwagi do projektu :

Planista *projektu*

Nazwa projektu

Opis projektu

Data zakończenia   **Cały budżet**

Lista materiałów	Koszty poniesione	Koszt rzeczywisty
Koszt całkowity		

Usługi	Koszty poniesione	Koszt rzeczywisty
Koszt całkowity		

Uwagi do projektu :

Planista *projektu*

Nazwa projektu

Opis projektu

Data zakończenia   **Cały budżet**

Lista materiałów	Koszty poniesione	Koszt rzeczywisty	Usługi	Koszty poniesione	Koszt rzeczywisty
Koszt całkowity			**Koszt całkowity**		

Uwagi do projektu :

Planista *projektu*

Nazwa projektu

Opis projektu

Data zakończenia   **Cały budżet**

Lista materiałów	Koszty poniesione	Koszt rzeczywisty
Koszt całkowity		

Usługi	Koszty poniesione	Koszt rzeczywisty
Koszt całkowity		

Uwagi do projektu :

Planista *projektu*

Nazwa projektu

Opis projektu

Data zakończenia   **Cały budżet**

Lista materiałów	Koszty poniesione	Koszt rzeczywisty
Koszt całkowity		

Usługi	Koszty poniesione	Koszt rzeczywisty
Koszt całkowity		

Uwagi do projektu :

Planista *projektu*

Nazwa projektu

Opis projektu

Data zakończenia   **Cały budżet**

Lista materiałów	Koszty poniesione	Koszt rzeczywisty
Koszt całkowity		

Usługi	Koszty poniesione	Koszt rzeczywisty
Koszt całkowity		

Uwagi do projektu :

Planista *projektu*

Nazwa projektu

Opis projektu

Data zakończenia   **Cały budżet**

Lista materiałów	Koszty poniesione	Koszt rzeczywisty
Koszt całkowity		

Usługi	Koszty poniesione	Koszt rzeczywisty
Koszt całkowity		

Uwagi do projektu :

Planista *projektu*

Nazwa projektu

Opis projektu

Data zakończenia

Cały budżet

Lista materiałów	Koszty poniesione	Koszt rzeczywisty
Koszt całkowity		

Usługi	Koszty poniesione	Koszt rzeczywisty
Koszt całkowity		

Uwagi do projektu :

Planista *projektu*

Opis projektu

Data zakończenia

Cały budżet

Lista materiałów	Koszty poniesione	Koszt rzeczywisty
Koszt całkowity		

Usługi	Koszty poniesione	Koszt rzeczywisty
Koszt całkowity		

Uwagi do projektu :

Planista *projektu*

Nazwa projektu

Opis projektu

Data zakończenia   **Cały budżet**

Lista materiałów	Koszty poniesione	Koszt rzeczywisty
Koszt całkowity		

Usługi	Koszty poniesione	Koszt rzeczywisty
Koszt całkowity		

Uwagi do projektu :

Planista *projektu*

Nazwa projektu

Opis projektu

Data zakończenia   **Cały budżet**

Lista materiałów	Koszty poniesione	Koszt rzeczywisty
Koszt całkowity		

Usługi	Koszty poniesione	Koszt rzeczywisty
Koszt całkowity		

Uwagi do projektu :

Planista *projektu*

Nazwa projektu

Opis projektu

| **Data zakończenia** | | **Cały budżet** | |

Lista materiałów	Koszty poniesione	Koszt rzeczywisty	Usługi	Koszty poniesione	Koszt rzeczywisty
Koszt całkowity			**Koszt całkowity**		

Uwagi do projektu :